DISCUSSION

SUR

L'ENSEIGNEMENT MUTUEL,

A LA CHAMBRE DES DÉPUTÉS.

PARIS,

CHEZ L. COLAS, FILS, IMPRIMEUR-LIBRAIRE,
Rue Dauphine, n°. 32.

1821.

DISCUSSION

L'ENSEIGNEMENT MUTUEL,

A LA CHAMBRE DES DÉPUTÉS.

La méthode d'enseignement mutuel, introduite en France en 1814, éprouva le sort de toutes les institutions utiles. La méthode du P. de Lasalle, l'institution des sourds-muets, celle des aveugles de naissance, la découverte de la vaccine, avaient excité les clameurs de la prévention, la haine redoutable des préjugés ; il devait en être de même de la nouvelle méthode d'instruction ; elle était supérieure à ce qui l'avait précédé, elle ne pouvait manquer de trouver des détracteurs. Toutefois, il est bien satisfaisant de le dire, aucune amélioration n'a jamais triomphé dans un plus court espace de temps, des efforts de l'erreur et de la malveillance. Six ans ont suffi pour placer l'enseignement mutuel au rang qu'il devait occuper ; six ans ont suffi pour le propager non-seulement sur tous les points de la France, mais encore chez tous nos voisins, et chez les peuples des quatre parties du monde, auprès desquels notre exemple exerce une glorieuse autorité. Où chercherons-nous la cause de ce phénomène ? car c'en est un que la propagation si rapide d'une institution nouvelle. A quoi attribuerons-nous cette prompte victoire de la vérité, si lente ordinairement dans ses progrès, quoique toujours certaine de triompher ? Il faut l'attribuer sans doute à la raison de notre siècle, de ce siècle tant calomnié et qui vaut bien ceux qui l'ont précédé ; de ce siècle où les hommes éclairés ne veulent rien à l'exclusion des autres, et recherchent de bonne foi ce qui est bon et utile pour tous. Le nombre de ceux qui vivent dans la prévention et qui rejettent sans examen est trop diminué pour qu'ils soient en majorité, et ils sont trop bien connus pour que leur influence puisse balancer celle de la raison. Ainsi l'opinion publique n'a pas été long-temps à reconnaître la supériorité de la méthode sur laquelle on appelait son attention. Une administration éclairée s'est empressée d'examiner sans partialité la nouvelle institution ; elle y a vu une source de prospérité pour l'état, de bonheur pour les individus, et elle lui a accordé une éclatante protection. Le monarque le plus lettré de l'Europe a voulu connaître aussi le bienfait qu'on offrait à ses sujets, il l'a appréeié ; et pour que nul ne pût douter de l'opinion qu'il en avait conçue, il a permis qu'une école fût instituée dans son propre palais. Ainsi les chefs de l'instruction publique, toutes les administrations, les ministres du roi, et le roi lui-même ont reconnu l'utilité et la supériorité de l'enseignement mutuel ; il ne lui manquait plus qu'une sanction légale et solennelle, et il vient de l'obtenir, le 12 de juin, par l'organe des Chambres qui ont voté le crédit demandé pour l'encouragement de cette méthode, et le soutien des écoles primaires.

Dans quel moment remporte-t-il ce triomphe décisif ? C'est au moment où ses ennemis, rassemblant dans les ténèbres toutes leurs forces, espéraient, par de nouvelles entraves, arrêter sa marche et ruiner ses succès. Le dernier espoir qu'ils nourrissaient encore doit les abandonner sans retour ; car quels sont à présent les hommes de bonne foi qu'ils pourraient abuser ? Et quelles seraient les intentions de ceux qui oseront encore calomnier et condamner ce que le gouvernement et les deux Chambres ont adopté, d'un commun accord, pour le bien général ?

Les vaines objections des détracteurs de la méthode sont toutes tombées successivement, sans autre réponse que les faits même qui en prouvaient la futilité lorsqu'ils n'en démontraient pas la fausseté. Bien peu de personnes ne rougissent pas de faire encore l'apologie de l'ignorance. Tout le monde sait aujourd'hui qu'il n'existe point d'écoles plus véritablement chrétiennes que les écoles d'enseignement mutuel. A mesure qu'elles se sont multipliées, on a pu juger partout de l'influence morale qu'elles ont exercée non-seulement sur les enfans eux-mêmes, mais jusque dans le sein de leurs familles, où ils rapportent avec l'instruction, des principes religieux que leurs parens n'ont pas toujours eu le bonheur de recevoir. Nous avons eu l'occasion de citer tant de faits à ce sujet, que nous n'y reviendrons pas aujourd'hui.

Mais il est un point sur lequel on a cru pouvoir attaquer avec avantage la nouvelle institution, et que ses adversaires ont en quelque sorte regardé comme leur ancre de salut. Repoussés dans toutes leurs attaques, ils ont insisté récemment encore, sur le mauvais choix des maîtres qui dirigent les écoles. Il est singulier que, dans le fait, ce reproche est une apologie. Sur environ treize ou quatorze cents maîtres qui dirigent des écoles d'enseignement mutuel en France, il y en a quatre ou cinq dont la conduite a pu être justement condamnable. Certes, le rapport de cinq à quatorze cents fait hautement l'éloge du discernement et de l'attention de ceux qui ont présidé à ces choix ; surtout si l'on réfléchit ; que dans des écoles qui sont ouvertes au public, que chacun peut inspecter, et qui ne sont pas régies par l'esprit de corps d'une communauté, on a bien pu voir tout ce qui pouvait être choquant ; tandis que dans une corporation et dans des écoles fermées aux visiteurs, il eût été très-facile de faire disparaître un plus grand nombre de sujets vicieux, sans que personne eût pu s'en apercevoir. Au reste, la société de Paris ne peut prendre pour elle ni l'éloge ni le blâme attachés à cette circonstance. Sur ces 1400 maîtres, elle n'en a pas choisi elle-même plus de 9 ou 10 pour les écoles des départemens. La plupart des autres ont été envoyés à l'école normale par leurs communes, munis de certificats de bonne conduite de leurs curés et de leurs maires.

Il ne nous a pas paru indifférent de rétablir les faits à cet égard, et de rectifier les conséquences qui doivent en être déduites. Lorsqu'on est forcé de se retrancher dans de semblables moyens pour repousser une institution, il est manifeste qu'on veut attaquer ce qui est bon, et qu'on défend soi-même une bien mauvaise cause.

Au reste, nous n'avons plus rien à dire pour protéger l'enseignement mutuel contre ses ennemis. Nous n'avons dans aucun temps fait usage des armes qu'ils s'étaient rendues familières et qu'on ne voit jamais dans les mains des amis de la vérité ; nous nous garderions de commencer à les employer au moment où notre cause est gagnée en dernier ressort. Il nous suffit désormais de présenter à nos détracteurs les paroles prononcées à la tribune de la chambre des députés par les ministres du roi et par les honorables députés pour réclamer en faveur de l'enseignement mutuel des encouragemens qui sont le gage authentique de l'approbation publique.

MONITEUR.

Compte rendu des séances de la chambre des députés.

Séance du 14 juin 1821.

La discussion s'établit sur le chap. IV du budget du ministère de l'intérieur : *Établissemens généraux d'instruction publique*, 2,800,000 fr.

Sur ce chapitre, la commission propose de retrancher l'article suivant : *Encouragemens pour l'instruction primaire*, 50,000 fr.

M. Laîné, ministre secrétaire d'état, se lève et demande à être entendu ; il s'exprime en ces termes :

M. Laîné. Quand on compare la somme de plus de deux millions dans un chapitre, de plus de 17 cent mille francs dans un autre, affectée aux colléges royaux, à la haute éducation, à l'Institut, aux beaux-arts, il est naturel de s'affliger d'entendre proposer la suppression de la somme de 5o mille francs destinée pour le soutien de l'instruction primaire.

C'est pourtant une ancienne et religieuse opinion que l'instruction primaire soit encouragée en France. On voit, en compulsant les ordonnances de nos rois, que leur bienveillance aspirait à la faire donner dans les plus petits villages. Le clergé, guidé par une religion qui est la source de toute lumière, secondait par ses soins la volonté royale, et dans sa charité nommait éducation des pauvres, ce que nous appelons aujourd'hui d'un autre nom.

La génération actuelle ne peut vouloir abjurer ces heureuses traditions, et l'on ne s'expliquerait pas le motif de la suppression demandée s'il ne s'agissait d'une méthode d'enseignement que, d'après une phrase assez obscure de son rapport, la commission semble désapprouver.

Il est bon de dire d'abord que la somme de 5o,ooo fr. ne s'applique pas en entier à cette méthode ; les fonds s'emploient aussi à l'instruction primaire donnée par les maîtres d'école et par des congrégations religieuses.

L'enseignement mutuel me paraît être le complément de la méthode pratiquée par les Frères des écoles chrétiennes. Le vénérable abbé Lassale a trouvé ou peut-être ressuscité la méthode d'enseignement simultané ; s'il avait aperçu le mode d'enseignement mutuel, il est croyable que son zèle l'eût adopté, et que ses disciples eussent ainsi rendu plus facile encore le bienfait de l'instruction des pauvres. Je regrette que la sévérité de leur règle, en leur interdisant de rien changer à leur institut, ne leur permette pas de suivre la propension que plusieurs d'entre eux auraient d'adopter la nouvelle méthode.

La persévérante charité de l'abbé Lassale a donné à la France la gloire d'avoir fondé la première une grande institution pour l'éducation des pauvres. Les autres nations l'en félicitent aujourd'hui, et nous nous réjouissons tous des progrès que font tous les jours les écoles des Frères des écoles chrétiennes. Leur enseignement ne s'est pourtant pas établi sans obstacles : on a pensé, à son origine, qu'il pouvait être trop indépendant du clergé ; et il a fallu plusieurs années de patience pour faire cesser les résistances qui ont retardé en quelques lieux l'établissement des écoles des Frères.

Peut-être en sera-t-il de même des obstacles que rencontre l'enseignement mutuel ? Déjà le canton de Fribourg en Suisse en présente un exemple. (L'orateur rappelle les soins du père Girard, ancien religieux, qu'il appelle l'apôtre de l'enseignement mutuel.) La congrégation célèbre que le gouvernement de Fribourg a rappelée avait d'abord de grandes préventions contre la méthode ; mais témoin du bien qu'elle opère, des bienfaits que l'institution du père Girard répand sur les pauvres, cette congrégation a fini par y applaudir. On voit aujourd'hui les deux établissemens séparés par un étroit intervalle, montrer une religieuse émulation pour répandre l'instruction dans la jeunesse de toutes les classes de la société.

Comment, en effet, pourrait-on réprouver, *pour elle-même*, une méthode dont l'effet est de faciliter le moyen si pénible pour les enfans d'apprendre à lire et à écrire.

Tous les esprits sont d'accord aujourd'hui sur le bien que produit et que peut produire dans le peuple la connaissance de la lecture et de l'écriture. Elle diminue les crimes et elle sert à la paix publique.

(L'orateur rappelle, d'après les résultats qui en ont été recueillis sur les documens fournis par les cours de justice en divers états, que sur cent malfaiteurs condamnés le dixième seulement sait lire et écrire : il rappelle que plusieurs écrivains ont prouvé que la paix publique en Suisse, en Hollande, en Écosse était en partie due à l'instruction primaire répandue dans toutes les classes du peuple.)

Si cette connaissance de la lecture et de l'écriture est un grand bien, la méthode qui la facilite ne saurait être un mal. Ce sera un moyen de plus de propager partout les principes de religion, de morale; de *retenir* surtout ces principes durant le cours d'une vie dont les travaux s'attachent à la culture de la terre. Personne n'ignore que dans la plupart des campagnes où l'instruction primaire est rare, les enfans apprennent difficilement les premiers élémens de la religion que les pasteurs leur enseignent si laborieusement. Après avoir été admis aux sacremens, la plupart des habitans appliqués aux travaux des champs ou à la garde des troupeaux, ne trouvent que de rares et courtes occasions de se nourrir de ces principes. Quand, au milieu de leurs familles illettrées, dans la solitude des bois, ou dans le loisir de leurs travaux ils interrogent leur mémoire, leur mémoire ingrate ne leur retrace rien. Leur esprit finit par tomber dans une oisiveté qui fait partie de cette oisiveté mère des vices. Si en les instruisant des principes élémentaires de la religion, on avait pu leur enseigner la lecture, ils auraient remporté dans leur chaumière un double trésor à l'usage d'eux et de leurs familles.

En considérant les choses sous un rapport plus vaste, on trouve que la connaissance de la lecture et de l'écriture plus généralement répandue, peut servir aux colonisations si désirables, et à entretenir entre les Français qui s'établiraient en d'autres parties du monde, des communications utiles au commerce et à la prospérité de la France. (Après avoir donné quelques développemens à cette idée, l'orateur revient à la question même de la délibération.)

Puisque ce n'est pas à cause de la méthode en elle-même que l'enseignement est critiqué, ce ne pourrait être qu'à cause des instituteurs qui en sont chargés; mais en ce cas, au lieu d'agiter une question toujours dangereuse quand on la tourne vers les personnes, ne vaut-il pas mieux chercher les moyens de diriger l'enseignement? Un de ces moyens ne consiste-t-il pas à donner des fonds à l'administration publique pour faciliter cette direction. Déjà , par son secours et à l'aide des honorables patrons de la méthode , l'instruction se fonde sur la religion , sur les maximes les plus pures qui inculquent le goût de la morale , du travail et de l'ordre. C'est à cause de la facilité à atteindre ce but que les soins de l'administration ont eu pour objet de prier les ecclésiastiques , les congrégations , les classes élevées de concourir au bien de cette méthode au lieu de la réprouver. Le curé a la première place dans les comités cantonnaux , et en vertu des ordonnances du 29 février 1816 et du 2 août 1820 , le clergé est autorisé à surveiller partout l'instruction primaire.

Il ne s'agit pas d'encourager une méthode au détriment des écoles chrétiennes ou des maîtres particuliers; l'administration a bien prouvé qu'elle donnait une protection spéciale aux disciples de l'abbé Lassale. (L'orateur expose ici tout ce que , depuis cinq ans , le gouvernement a fait pour les deux établissemens principaux et pour les maisons particulières.) Les choses sont à cet égard si bien encouragées , que les Frères ne peuvent suffire à toutes les demandes. Personne n'ignore, d'un autre côté , que les dépenses indispensables à leur établissement dans une commune ne permet pas d'espérer qu'ils soient exclusivement chargés de l'instruction des pauvres dans les villes et dans les campagnes.

Il ne s'agit que d'entretenir entre les diverses méthodes une religieuse émulation , et pour cela il est désirable que aucune ne soit condamnée par telle ou telle portion de la société. Il serait bien déplorable que l'esprit de parti s'en fît un moyen de discorde. Ne considérons, Messieurs , ces méthodes que comme un instrument propre à étendre les facultés morales , à servir à l'éducation , à conserver dans la mémoire de ceux qui supportent les plus pénibles travaux de la vie des principes de religion qu'ils oublieraient sans elles.

(L'orateur termine par une observation qu'il juge propre à faire impression.) Refuser les fonds demandés par les motifs que la commission laisse pénétrer, ce serait faire condamner, faire réprouver par la chambre la méthode d'enseignement mutuel. Or, elle a fait assez de progrès, elle est assez protégée par de nombreux amis du bien public, des pauvres, de la royauté légitime, de la religion, pour qu'une telle réprobation paraisse injuste. La proclamer ce serait la livrer peut-être à la malveillance à qui nous ne devons pas laisser l'honneur de répandre les bienfaits que nous aurions refusés. Cette méthode n'est pas une œuvre de révolution, elle ne s'est montrée en France qu'en 1814 avec la restauration. Je crois que la proscrire ce serait répudier un bienfait de la Providence. Elle semble avoir voulu propager les moyens de faire garder aux classes pauvres et laborieuses les premiers enseignemens de la religion qui les console, qui les soutient dans leurs travaux, et leur fait supporter avec résignation notre organisation sociale.

M. Terrier de Santans appuie la réduction proposée.

Après lui, M. le baron Pasquier, ministre des affaires étrangères, prend la parole, et s'exprime ainsi :

Messieurs, le préopinant vient de nous révéler une des choses, selon moi, les plus affligeantes pour l'humanité. Il paraîtrait que dans quelques départemens l'esprit de parti s'empare de ces idées, qui ne devraient être employées par les hommes que dans le but de l'union commune, puisqu'elles ont pour résultat de tendre éminemment à accroître le bonheur de la race humaine toute entière. Sans doute c'est une aberration de l'esprit humain que nous devons déplorer ; et certes nous n'en donnerons pas l'exemple dans cette enceinte en discutant la grande question qui nous occupe. Je dis qu'elle est grande, parce que nulle n'importe plus au bonheur de la génération qui s'élève et à celui des générations qui doivent lui succéder. Discutons-le donc dans le but que doit se proposer tout homme éclairé , sincèrement ami de son pays , dans le but de chercher le bien et d'atteindre au mieux , si cela est possible.

A Dieu ne plaise que je demande ici un privilége pour aucun mode d'instruction primaire ; je demanderai au contraire la plus grande latitude pour toutes les méthodes qui apprendront à nos enfans à lire et à écrire , et les principes de cette religion sans laquelle il ne peut véritablement exister de société. Si jamais il fut du devoir d'un gouvernement de donner cette instruction aux classes pauvres , indigentes, c'est surtout aujourd'hui qu'elle est devenue plus nécessaire.

En effet , considérez l'état de la société , voyez les changemens qui se sont opérés dans vos mœurs, dans vos habitudes. L'homme pour lequel il y a un siècle ou deux il était preque indifférent de ne savoir ni lire ni écrire, est aujourd'hui , s'il manque de cette faculté, dans la situation la plus pénible. Il se trouve dès lors repoussé par la force des choses de presque tout ce qui peut contribuer à son bien-être , à son bonheur ; je dirai plus , il manque souvent par cela seul des moyens de pourvoir à sa subsistance. Jugez-en , Messieurs , par ce qui se passe journellement chez vous-mêmes, dans vos propres maisons. Par une conséquence nécessaire de nos habitudes , ou si vous l'aimez mieux de notre luxe , nous exigeons de tous les hommes qui nous approchent , pour première condition , de savoir lire et écrire. Pardonnez-moi cet exemple , il se prend dans une classe fort nombreuse, dans celle de la domesticité. Je vous le demande : il y a cent ans , s'informait-on si un domestique savait lire et écrire? Voudrait-on maintenant un domestique qui ne sût ni lire ni écrire? Eh bien ! ce que nous demandons dans l'intérieur de nos maisons, il n'y a pas de chef d'ateliers publics, pas de cultivateur intelligent qui ne le demande à l'homme qu'il doit employer ; il n'y en a pas un qui ne préfère l'homme qui sait lire et écrire à celui qui ne sait ni lire ni écrire. Dès lors je ne dis pas seulement que c'est un devoir de procurer aux hommes cette faculté, je dis qu'il y aurait barbarie à la refuser quand on a les moyens de la leur procurer; il y aurait barbarie, puisque très-souvent savoir lire et écrire est nécessaire à l'homme pauvre pour trouver à vivre.

Ainsi, moi, législateur, moi, ministre du roi, je crois qu'il est du devoir de tout législateur, de tout gouvernement, de procurer à ses sujets toute la somme de bonheur qu'il est en son pouvoir de leur donner. Et puisque savoir lire et écrire est un des premiers besoins de l'homme, on ne doit rien faire qui puisse tendre à le priver de ce bienfait. Comme je ne crains pas ici d'exprimer toute ma pensée, vous allez voir au reste que je ne suis susceptible d'aucune espèce de prévention. Notre faiblesse peut exiger quelquefois que nous posions des bornes même dans le bien. Ainsi je reconnaîtrai, si on le veut, que, suivant l'état de chaque ordre social, il pourrait exister un certain degré d'instruction, lequel, réparti entre un trop grand nombre de citoyens, pourrait être embarrassant ou même dangereux pour cet ordre social. Que ferait-il en effet de ce nombre d'hommes auquel il ne pourrait fournir des places, des emplois, des moyens d'exister analogues à leurs connaissances? N'aurait-il rien à redouter de ces hommes dont l'ambition, nécessairement et en quelque sorte justement mécontente, pourrait devenir turbulente?

Poussée jusqu'à un certain point, la haute instruction trop généralement répandue pourrait donc, j'en conviens, avoir dans certaines circonstances données d'assez grands inconvéniens : pourvoir à ces inconvéniens est peut-être un des problèmes les plus difficiles à résoudre dans l'état actuel de la civilisation. Voilà, Messieurs, la juste et triste part qu'il faut faire à tous les hommes qui sont effrayés du progrès des lumières; mais l'instruction primaire qui n'apprend qu'à lire et à écrire, ne peut offrir ces inconvéniens, et il ne s'agit ici que de satisfaire ce besoin, un des plus impérieux de tous dans l'état actuel de la société : c'est ce que je crois avoir suffisamment démontré. Maintenant je dois vous faire remarquer un fait bien important : il y a encore vingt-cinq mille communes en France qui manquent d'écoles, c'est-à-dire de toute espèce de moyens d'enseignement primaire, ces moyens leur manquent également, et par le mode de l'enseignement mutuel, et par celui des frères des écoles chrétiennes. La question est donc celle-ci : Dans cet état de choses, empêcherez-vous l'état d'user des moyens qui sont à sa disposition et qui sont propres à répandre cette instruction primaire ? Et remarquez que l'état, lorsqu'il fournit ces moyens, acquiert par cela seul, d'une manière bien plus incontestable dans le fait comme dans le droit, la faculté de surveiller l'instruction qui en résulte, c'est alors qu'il lui devient facile de prescrire utilement aux maîtres, et comme condition de leur existence, l'enseignement des principes et des devoirs religieux. Certes, Messieurs, quand on peut mettre dans ses mains une telle faculté, il serait insensé de la repousser et d'empêcher le gouvernement de s'en saisir. Ici je m'attends qu'on va me dire : Oui sans doute tout cela serait vrai, tout cela serait fort bien, si le mode d'instruction était bon, s'il était bien choisi ; mais cette instruction mutuelle ! Messieurs, vous allez voir qu'on ne peut pas m'accuser d'un engouement exagéré pour l'enseignement mutuel. Je commence par déclarer que si j'avais dans mon village à choisir entre l'établissement d'une école d'enseignement mutuel ou d'une école des frères de la doctrine chrétienne, je donnerais dans l'état actuel la préférence à celle-ci, par la raison toute simple qu'il ne faut pas considérer l'instruction comme un être idéal, qu'il ne faut jamais la séparer dans sa pensée des hommes chargés de la répandre. Sa plus grande, sa meilleure garantie est nécessairement dans le caractère des institutions ; or je crois que la société a dans les frères de la doctrine chrétienne toutes les garanties qu'elle peut désirer, et qu'elle trouve en eux d'une manière extrêmement satisfaisante les secours moraux dont elle a besoin.

Je vois en même temps avec peine que ces hommes si utiles, si propres à instruire à la fois l'esprit et le cœur des enfans, à leur inspirer les sentimens religieux qui seuls peuvent assurer leur bonheur, n'aient pas cru jusqu'à ce moment pouvoir adopter une méthode dont ils tireraient tant d'avantages, et qui leur donnerait les moyens d'étendre, de multiplier leurs utiles services. J'aime à croire que leurs supérieurs ne tarderont pas à ressentir combien cette modification dans les règles de leur institution aurait d'avantages. Il en est un qui doit les toucher plus que tout autre, c'est celui de pouvoir répandre dans un plus grand nombre de familles les bienfaits de la divine religion qu'ils enseignent. Quoi qu'il en puisse être, prenons, et il le faut bien, les choses dans l'état où elles sont. Examinons comment il est possible de faire pénétrer l'instruction primaire dans les 25,000 communes dont je vous ai parlé, lesquelles en manquent absolument. Sera-ce par le moyen des frères de la doctrine chrétienne? Le supérieur de ces frères consulté dernièrement sur les sujets qu'il pouvait fournir, a formellement déclaré au gouvernement, qu'attendu la quantité de demandes auxquelles on avait déjà satisfait, et auxquelles il fallait encore satisfaire, il n'y avait pas moyen de fournir d'ici à dix ans un sujet de plus que ceux pour lesquels il avait déjà pris des engagemens.

Est-ce donc, Messieurs, dans une telle situation que vous devez vous borner à ce seul moyen d'instruire, quand il s'en offre d'autres? Vous feriez, je le répète, un acte barbare. Loin de là, je me plais à croire que vous seconderez les vues du gouvernement. La chambre entière, animée par ses sentimens si connus d'humanité et de religion, ne repoussera pas l'enseignement mutuel, par cela seul qu'on en préférerait un autre qu'il n'est pas en son pouvoir de donner. Elle le repoussera d'autant moins qu'elle sentira bien qu'il n'est pas non plus en son pouvoir de l'empêcher de subsister, et qu'il est contre l'intérêt de la société qu'il soit abandonné aux industries particulières. Elle préférera sans doute qu'il puisse être dirigé par le gouvernement, d'une manière utile et conforme à ses véritables intérêts.

A cet égard on a déjà des gages certains·de la manière dont le gouvernement entend l'usage de cet instrument d'instruction. Ainsi que M. Lainé l'a très-bien remarqué, partout où il a été mis en action sous son influence, les exemples pour instruire les élèves dans l'art d'écrire ont été puisés dans les livres saints; partout on a employé les formules de la religion; on a appris à lire dans les catéchismes, et on a fait de ces catéchismes la base de l'instruction. Le gouvernement ne se refuse pas, si cela est nécessaire, à tracer plus fortement encore la marche qui doit être suivie. Que le préfet, le sous-préfet, le maire, les curés, réunissent leurs efforts; qu'ils concourent à surveiller de tous leurs moyens ces utiles établissemens; qu'ils renvoient impitoyablement les maîtres qui n'auraient pas toute la moralité, tous les sentimens qu'ils doivent avoir, et qu'on les remplace par d'autres maîtres animés de meilleurs sentimens; rien de mieux, rien de plus convenable, rien de plus nécessaire.

On ira à cet égard, Messieurs, au-devant de tous vos vœux; mais surtout, je vous en conjure, n'affaiblissez pas dans les mains du gouvernement, par une apparence de désapprobation, j'ose le dire irréfléchie, un moyen aussi utile, aussi nécessaire, aussi indispensable d'influer sur le bonheur des hommes, sur le bien-être de la société. M. Lainé vous l'a dit d'une manière trop éloquente pour que vous ayez pu n'en être pas frappés : l'art de lire et d'écrire est la garantie la plus certaine contre les penchans criminels qui rapprochent de l'état de barbarie; il vous a dit que sur la masse totale des criminels, les neuf dixièmes ne savaient ni lire ni écrire; il aurait pu ajouter qu'en comparant diffé-

rentes parties de la France entr'elles , on est forcé de reconnaître que le nombre des criminels est beaucoup plus
considérable dans les lieux où l'on ne sait ni lire ni écrire
que dans ceux ou cette utile faculté est plus généralement
répandue. Ces vérités sont fondées sur des faits qui ne peuvent être révoqués en doute.

Séance du 12 juin 1821.

L'ordre du jour appelle la continuation de la discussion sur le projet
de loi de finances et sur l'article du budget du département de l'intérieur : *Encouragement de l'instruction primaire, 50,000 francs.*

M. Clément (du Doubs). Messieurs , j'étais inscrit pour
parler le premier sur l'objet qui occupe en ce moment la
chambre ; mais MM. Lainé et Pasquier ayant obtenu la parole , en qualité de ministres du roi , et ayant traité la matière avec la supériorité de talent qui les caractérise et une
grande force de vérité , je regarde la question comme suffisamment éclaircie. Je me serais donc abstenu de monter à
cette tribune , si mon honorable collègue et compatriote ,
M. le marquis Terrier de Santans, dans l'opinion qu'il a
prononcée hier , n'avait mêlé à l'expression générale de ses
principes sur l'instruction primaire , et sur les méthodes
particulières que le gouvernement du roi peut juger à propos
d'autoriser , n'avait , dis-je , mêlé et ajouté quelques faits
relatifs au département du Doubs, faits dont je dois relever
l'inexactitude.

Heureusement nous n'en sommes pas venus à ce point
d'avoir à discuter sur la question de savoir s'il faut apprendre aux jeunes Français de toutes les classes les élémens de
la lecture , de l'écriture et du calcul. Il paraît que nos adversaires admettent que l'enseignement primaire est de première nécessité : ils cèdent en cela au vœu de l'humanité ,
de la religion , au besoin de l'état et des citoyens.

Je m'étonne toutefois de ce que la chambre, assemblée pour discuter les questions générales relatives aux grands intérêts du royaume, se trouve en ce moment engagée dans une discussion particulière sur telle ou telle méthode d'enseignement primaire, question qui me paraît être entièrement du ressort du conseil royal de l'Université. Il me semble que les hommes distingués qui composent ce conseil ont seuls l'expérience et les lumières nécessaires pour prononcer sur cette matière, qui est toute entière dans leurs attributions, et qui, dans le fait, nous est aussi étrangère que l'admission ou le rejet de tel ou tel mode d'enseignement relatif à une science quelconque.

Quoi qu'il en soit, si les suffrages accordés à la méthode dite d'*Enseignement mutuel*, par les Doudeauville, les Larochefoucauld, les Lainé, sont la garantie que rien, dans les procédés qu'elle emploie, n'est opposé au bien de la religion et de l'état, le suffrage des chefs de l'Université offre cette garantie que, sous le rapport intellectuel, elle est une heureuse modification, un sage perfectionnement de la méthode des frères de la doctrine chrétienne, inventée par le P. de Lasalle. Elle présente donc la réunion de toutes les garanties ; et, puisqu'on convient que l'enseignement primaire est de nécessité absolue, il me semble qu'il y aurait une sorte d'absurdité à repousser, contre le vœu des amis du roi les plus éclairés, contre le sentiment des agens de l'instruction publique, juges compétens en cette matière, contre l'opinion des membres du gouvernement les plus experts et les plus dévoués, le mode d'enseignement qui, par l'économie de son emploi, la régularité de ses procédés, la supériorité de ses résultats, assure enfin à la France les succès de l'instruction primaire.

J'ignore où mon honorable collègue a puisé la preuve de ce qu'il a avancé, c'est-à-dire, que la violence ait été employée pour introduire en France la méthode dite d'*Enseignement mutuel* ; ce que je sais très-bien, c'est que ce n'est ni à Besançon, ni sur aucun point du département du Doubs, qu'il a pu trouver cette preuve. La méthode s'y est introduite doucement, librement et sans secousses; et vous n'en douterez pas, Messieurs, lorsque vous saurez qu'à peine il existe huit ou dix écoles régulières d'enseignemeut mutuel dans le département du Doubs, et qu'à aucune époque il n'y en a eu davantage; vous n'en douterez pas, lorsque vous saurez que la société qui s'est formée, dans le temps, pour sa propagation, était composée non-seulement des royalistes les plus purs, mais encore des curés de la ville; lorsque vous saurez qu'aujourd'hui même, le curé de Sainte-Madeleine, la plus populeuse des paroisses de Besançon, et celui de Saint-François-Xavier, pasteurs universellement chéris et considérés, proclament hautement les avantages infinis que les écoles d'enseignement mutuel présentent aux enfans, sous le rapport de l'instruction religieuse, morale et intellectuelle.

Et si, d'un autre côté, j'ajoute, comme je le dois, que les écoles de frères, loin d'avoir été contrariées à Besançon, y ont reçu de toutes les espèces d'administrations les points d'appui, les encouragemens et les éloges que leur institut leur permet de recevoir, je serai fondé à en conclure que c'est naturellement et sans violence que la méthode d'enseignement mutuel, s'est introduite à Besançon et sur les points peu nombreux du département où elle existe. La violence n'a été employée que pour l'empêcher de s'établir dans quelques grandes communes rurales, où cependant la plupart des pères de famille éclairés la réclamaient. C'est contre elle et uniquement contre elle que les injures et les menaces ont été dirigées : et il est de notoriété que, dans le petit nombre de communes où les curés ont bien voulu en diriger l'emploi, elle répond chaque jour, par d'incontestables succès, aux invectives et aux menaces qui la poursuivent.

Je demande à mon collègue dans quels écrits et par quels moyens ce qu'il appelle *les meilleurs esprits* ont prouvé l'abus et le vide d'instruction de la méthode qu'il attaque : je me crois en droit d'énoncer, avec tous les esprits éclairés et impartiaux, précisément tout le contraire. Ce procès est, depuis long-temps, jugé par la raison et par l'expérience.

J'ignore si, comme l'a avancé mon honorable collègue, il est des départemens où des maires aient été renvoyés parce qu'ils ne voulaient pas d'écoles mutuelles, si les votes des conseils municipaux ont été dénaturés en leur faveur, si des membres de conseils généraux de départemens ont été chassés pour avoir voté des fonds pour les écoles chrétiennes ; je m'étonnerais fort qu'en France, sous le gouvernement du roi, de pareils écarts aient pu, à quelque époque que ce soit, être commis impunément. Les partisans de l'enseignement mutuel, si ces reproches vagues et généraux pouvaient mériter quelque confiance, ne pourraient-ils pas également bien les rejeter aujourd'hui sur leurs adversaires ? Quoi qu'il en soit, il n'y a rien dans ces reproches qui soit applicable ni à Besançon ni au département du Doubs. Les hommes auxquels le gouvernement du roi a confié l'administration de ce pays jusqu'à ce jour, parmi lesquels je me plais à citer particulièrement celui qui dirige en ce moment l'importante préfecture du Gard, parce qu'il a laissé dans la nôtre les traces les plus honorables de son autorité et de ses talens, ces administrateurs, dis-je, n'ont permis aucun acte de cette nature. Il est possible que, d'après les ordres du roi, qui veut protéger tout ce qui est bon et qui ne veut pas que l'esprit de parti proscrive une méthode par une autre, ces administrateurs aient contrarié quelques passions extrêmes, en laissant à toutes les méthodes protégées par le gouvernement une égale liberté ; mais les récriminations de cette espèce ne les atteindraient pas.

Ainsi, Messieurs, il n'y a eu ni violence ni oppression, du moins dans le département du Doubs, pour établir le petit nombre d'écoles mutuelles qui s'y trouvent ; elles ont seulement joui du privilége de n'être pas proscrites par le gouvernement, comme elles le sont par des classes d'hommes qui exercent, par la nature de leurs fonctions, la plus grande influence sur l'esprit du peuple, surtout dans les départemens.

En rectifiant l'énonciation de faits qu'a présentés hier à la chambre mon honorable collègue, je pourrais interpeller ici, à l'appui de ce que j'avance, non-seulement tous les ministres qui ont dirigé jusqu'à ce jour le département de l'intérieur, notamment M. le comte de Vaublanc, qui a contre-signé la belle ordonnance du roi du 29 février 1816, sur l'instruction primaire, mais encore le ministre-secrétaire-d'état président du conseil royal de l'instruction publique, dont le suffrage pourrait rassurer les consciences les plus timorées. Je ne crains ni d'être rectifié, ni d'être démenti.

Je termine, Messieurs, en déclarant qu'il m'est doux d'être enfin d'accord avec mon collègue, puisqu'il a terminé lui-même son discours en se plaisant à rendre justice aux écoles d'enseignement mutuel établies dans le département du Doubs. Je partage aussi avec lui l'opinion que, quand il s'agit de méthodes jugées saines par les gens éclairés, il ne faut point d'exclusion ; et prouvant en ce moment, par un fait irrécusable, que depuis que le fonds de 50,000 fr. a été accordé pour servir à l'encouragement de l'instruction primaire, en général, l'exclusion a si peu été donnée en particulier à la méthode des frères, que le nombre de leurs écoles a plus que doublé ; dans l'assurance, d'ailleurs, où je dois être que l'emploi de cette somme continuera de contribuer pour l'avenir comme il l'a fait antérieurement, non-seulement à protéger la méthode dite *mutuelle* contre les attaques de l'exagération, mais encore à donner une extension progressive à la méthode du père de Lasalle, je voterai de toutes mes forces pour la conservation de ce même fonds.

En répondant à mon compatriote M. le marquis de Santans, j'ai répondu d'avance à un autre de mes collègues, M. Pavy, qui après M. de Santans a attaqué la méthode

d'enseignement mutuel. M. Pavy paraît ignorer que , dans
les écoles d'enseignement mutuel , les choses relatives à
l'éducation comme celles qui concernent spécialement l'instruction , se font à peu près de la même manière et par les
mêmes procédés que chez les frères de la doctrine ; que le
but moral et religieux est conséquemment atteint dans les
deux méthodes , soit par des tableaux qui présentent les
principes de la religion mis à la portée de l'enfance, soit
par une suite d'exercices pieux soigneusement prescrits.

M. Pavy convient que les honnêtes citoyens dont il parle
et qu'il regarde avec raison comme estimables , quoiqu'ils
ne sachent ni lire ni écrire, ne cesseraient pas d'être estimables parce que , renonçant enfin à leur méthode de signer
avec des croix, ils sauraient lire, écrire et même calculer ;
je pense que la grande majorité de la chambre partage son
opinion ; quant à moi qui en suis complétement , je vote,
et contre l'amendement de la commission et contre celui de
M. Pavy lui-même.

M. Cornet-d'Incourt appuie la proposition de la commission ; après
lui, M. le baron Cuvier, commissaire du roi, a la parole :

M. le baron Cuvier. Messieurs , si les fonctions honorables dont nous sommes chargés près de vous ont quelque
utilité, c'est principalement lorsque nos rapports avec l'administration nous mettent à même de vous donner des éclaircissemens ou de vous communiquer des faits qui rendent à
vos débats leur véritable direction , et vous fournissent les
moyens de juger en pleine connaissance de cause.

Jamais il n'y eut plus d'occasion de faire usage de cette
faculté que dans la discussion actuelle ; car dès hier , et
même dès le principe, dans le rapport de votre commission ,
elle a été détournée de son véritable objet. Il s'agit d'une
allocation de 5o,ooo francs pour encourager l'instruction du
peuple ; et tous les orateurs qui ont parlé pour ou contre
semblent avoir cru que cette allocation était consacrée à

favoriser une certaine méthode à l'exclusion de toute autre. Il suffisait cependant de lire l'art. 35 de l'ordonnance générale sur l'instruction primaire, du 29 février 1816, pour juger que cette allocation fait partie d'un grand ensemble de mesures dans lequel le choix de telle ou telle méthode n'entre qu'accidentellement.

Cet article est conçu en ces termes :

« Il sera fait annuellement par notre trésor royal, un
» fonds de 50,000 francs pour être employé par la commis-
» sion d'instruction publique, soit à faire composer ou im-
» primer des ouvrages propres à l'instruction populaire,
» soit à établir temporairement des écoles-modèles dans les
» pays où les bonnes méthodes n'ont point encore pénétré,
» soit à récompenser les maîtres qui se sont le plus distin-
» gués par l'emploi de ces méthodes. »

Assurément il est impossible de voir dans cet article la moindre trace d'une préférence exclusive pour une méthode ou pour une autre ; mais il est arrivé ici ce qui est arrivé sur tous les points du royaume : un côté de la question a seul excité l'attention, parce qu'il a seul échauffé les esprits ; nous devons dire même que si cette effervescence a eu des suites utiles, elle en a eu aussi de bien malheureuses, puisque l'on a pu croire un moment, comme vous l'a dit hier l'un de vos honorables collègues, que l'enseignement mutuel avait pour tendance le renversement de l'enseignement religieux. Ici encore il aurait suffi de lire l'ordonnance du 29 février. L'article 2 ordonne « que le
» premier membre, et le président-né du comité chargé de
» surveiller dans chaque canton l'enseignement primaire,
» sera le curé cantonnal. » L'article 8 : « que chaque école
» aura pour surveillans spéciaux, le curé ou desservant de
» la paroisse et le maire de la commune où elle est située. »
L'article 10 : « que tout particulier qui désirera se vouer
» aux fonctions d'instituteur primaire, devra présenter au

» recteur de son académie un certificat de bonne conduite
» des curés et maires de la commune ou des communes où
» il aura habité depuis trois ans au moins. »

Certainement il était difficile de mieux assurer la juste
influence que les ministres de la religion doivent exercer
sur l'instruction du peuple ; mais au lieu de consulter cet
acte authentique, on a mieux aimé se jeter dans des théo-
ries générales. Un de vos orateurs vous a dit que l'instruction n'est rien sans l'éducation ; et un autre, que c'est la
misère plutôt que l'ignorance qui porte le peuple au crime.
Sans contredit ils ont proclamé des vérités incontestables ;
mais pour en faire application à la question présente, il faut
examiner quel était l'état de l'instruction et de l'éducation
populaire lorsque l'administration de l'instruction publique
a commencé à s'en occuper.

La révolution avait détruit toutes les écoles ; la Conven-
tion nationale avait cru beaucoup faire pour leur rétablis-
sement en décrétant que les communes fourniraient un
logement aux instituteurs. Les congrégations scolastiques
étaient tombées sous les mêmes coups que tous les ordres
religieux. Dans la seule ville de Paris, quatre mille enfans
n'allaient jamais à l'école, et passaient leur temps dans les
rues à jouer ou à mal faire. On découvrit qu'un certain
nombre d'entre eux, quoique d'un âge encore tendre, s'as-
semblait sous les arches des ponts et dans d'autres lieux se-
crets pour se livrer à tous les excès d'une débauche préma-
turée. C'est là que se formèrent des sociétés de petits voleurs
qui peuplèrent les prisons et les cours d'assises. Des personnes
charitables, dont quelques-unes sont membres de cette assemblée, et que je pourrais nommer si leur modestie ne me
le défendait, cherchèrent un remède à un état de choses si
déplorable ; elles fondèrent en différens quartiers de Paris des
écoles pour les enfans pauvres ; bientôt l'université fut établie, et s'occupa de régulariser ces fondations et de les sou-
mettre à des règles communes. M. de Fontanes, et une partie

de ses collaborateurs, se procurèrent des renseignemens sur les moyens que l'on avait employés en divers pays du nord de l'Europe, pour donner aux pauvres une éducation religieuse et morale, et sur les résultats que l'on y avait obtenus. Dans ces entrefaites, des personnes éclairées firent connaître les développemens que venait de recevoir, en Angleterre, la méthode de l'enseignement mutuel, méthode usitée de tous temps en Orient, et qui avait déjà été employée à Paris avec l'approbation de Louis XVI.

Une société qui compte parmi ses membres quelques-uns des hommes les plus illustres et les plus respectables de notre patrie, pria le gouvernement de l'autoriser à mettre cette méthode en pratique ; le ministre d'alors, M. le comte de Vaublanc demanda, comme il le devait, l'avis de la commission de l'instruction publique. Il lui fut répondu que cette méthode nouvelle avait des avantages incontestables, surtout pour les communes très-peuplées, où elle procurait de grandes économies de temps et d'argent ; que si elle était moins nécessaire dans des lieux peu considérables, elle ne paraissait du moins y offrir aucun inconvénient ; que cependant ce qui importait le plus n'était pas que l'on suivît telle ou telle méthode dans les écoles, mais que l'on donnât des écoles aux communes qui n'en avaient pas ; que l'on ne confiât la méthode quelconque que l'on adopterait qu'à des hommes dont le caractère moral, les sentimens religieux et politiques fussent également éprouvés, et qu'une surveillance continuelle maintînt sans relâche dans les limites de leurs devoirs.

C'est par suite de ce rapport que fut rendue l'ordonnance du 29 février 1816, qui règle la manière dont les maîtres d'écoles seront examinés, nommés et surveillés, et qui semblait avoir obtenu jusqu'à ce jour l'approbation de tous ceux qui se sont donné la peine de la lire. Le roi, de son propre mouvement, sans qu'on eût osé le lui demander, et par un pur effet de sa sollicitude paternelle pour son peuple, y fit ajouter cet article 32 qui accorde, sur le trésor royal, un fonds annuel de 5o,ooo fr. en faveur de l'instruction primaire, article qui a déjà été sanctionné par vous, sans réclamations, dans quatre budgets successifs, et qui, au grand étonnement de tout le monde, a occasioné cette année la discussion qui nous occupe. Cet article, comme vous l'avez vu, ne prescrit aucune préférence ; il n'a pour objet que le perfectionnement de l'éducation morale et religieuse du peuple, considérée sous le point de vue le plus général.

M. Lainé, arrivé peu de temps après au ministère, et qui avait déjà sur l'enseignement mutuel l'opinion bien prononcée qu'il vous a exprimée hier, ne montra cependant pas la moindre partialité dans l'exécution de l'ordonnance. Voici ce qu'il écrivait aux préfets dans sa circulaire du 3o août 1816.

« En recommandant à vos soins l'essai de la nouvelle mé-
» thode, je ne vous engage, ni à provoquer une préférence
» exclusive en sa faveur, ni à laisser s'élever aucune défiance
» contre les établissemens qui existent.

» Il s'agit bien plus de procurer l'instruction où elle man-
» que, que de se hâter d'introduire des innovations dans les
» lieux où elle s'est conservée. »

La commission de l'instruction publique ne fut pas moins impartiale que le ministre, non pas qu'elle doutât de l'utilité de la méthode, mais parce qu'elle sentait qu'un moyen sûr de la faire repousser serait de vouloir contraindre à l'admettre.

« Ce qui importe (écrivait-elle aux recteurs, le 15 mars
» 1816), c'est que les membres des comités cantonnaux
» soient des hommes dévoués au roi, zélés pour le bien,
» sachant apprécier l'instruction morale et religieuse du
» peuple.

» Vous aurez soin en toute occasion (ajoutait - elle) de
» faire connaître que l'objet de l'instruction primaire est de

» multiplier et de renforcer en quelque sorte l'instruction
» religieuse. »

Vous voyez donc, Messieurs, que si quelques autorités
locales, croyant remplir les vues du pouvoir, ont mis un
zèle exagéré à propager l'enseignement mutuel ; que si,
comme on vous l'a dit, elles ont usé de violence pour l'introduire dans des lieux où l'opinion le repoussait, on ne
peut en accuser l'administration supérieure ; bien moins
encore peut-on l'accuser si dans quelques endroits des passions insensées ont essayé d'en faire un emploi coupable
contre la religion et contre ses ministres. La commission
prévoyait dès l'origine que ce zèle rendu excessif par la
combinaison si naturelle aux hommes de l'amour du bien
avec l'amour de la nouveauté, ne tarderait pas à produire
une réaction vive ; peut-être se trouve-t-il dans cette enceinte quelques anciens préfets qui ont cru avoir à se plaindre d'elle, parce qu'elle cherchait à ralentir leur ardeur,
mais c'était pour arriver plus sûrement au but vers lequel
ils tendaient eux-mêmes. L'honorable préopinant vous demande de supprimer cette somme de cinquante mille francs,
parce qu'elle n'est qu'un secours illusoire, et que si, comme
le ministre vous l'a dit, vingt-cinq mille communes manquent encore d'écoles, on n'aura que 40 sous à donner à
chacune d'elles.

Mais personne n'a été assez insensé pour imaginer d'employer de cette manière un pareil secours. Avec ces 50,000 fr.
il a été aisé de faire composer et imprimer des ouvrages
utiles au peuple ; si l'on n'a pas pu entretenir beaucoup
d'écoles, on a aidé du moins à en fonder quelques-unes, et
on l'a fait sans distinction de méthodes. Je me rappelle entr'autres que la ville de Verneuil a reçu quelques fonds pour
une école de Frères. C'est également sans distinction de
méthodes qu'on a distribué des médailles aux maîtres d'écoles qui se sont distingués par leur conduite et par leur application. Je tiens la liste de celles qui ont été décernées

les deux années dernières dans l'Académie de Paris ; les écoles des Frères y figurent à côté des écoles mutuelles et des écoles particulières. Aussi , Messieurs , s'en faut - il beaucoup que ce don de la munificence royale soit demeuré illusoire , comme vous l'a dit l'orateur qui m'a précédé à cette tribune : il a produit des effets , et de très - grands effets qu'il est bon que vous connaissiez.

Depuis 1817 jusqu'à 1820 , le nombre des communes pourvues d'écoles a été porté de 17 mille à 24 mille. Le nombre total des écoles de 20 mille à 27 mille, le nombre des élèves a été augmenté de 257 mille ; et ce qui vous paraîtra sans doute bien singulier , après les plaintes que vous venez d'entendre , c'est que le nombre des écoles de Frères a été plus que triplé. Il n'y en avait que 60 en 1817, il y en a maintenant 187.

Oui , Messieurs, nous devons vous le dire , l'ardeur que l'on a mis à multiplier les écoles mutuelles et la résistance que cette ardeur a produite , ont multiplié les écoles des Frères. Dans beaucoup de communes où personne ne songeait à en établir on a voulu en avoir , uniquement parce qu'une partie des habitans voulaient en avoir de l'autre espèce. L'administration de l'instruction publique s'est bien gardée de s'opposer à cette émulation, à cette rivalité , à cet esprit de parti si l'on veut ; peu lui importaient les motifs , pourvu que le résultat fût bon : mais toutes les fois qu'elle apprenait que cet empressement avait fait admettre de mauvais maîtres , elle avait soin de les faire réformer. C'est ainsi qu'elle s'est trouvée souvent engagée dans des discussions assez vives , avec des autorités ou avec des associations en qui l'amour de la nouveauté l'emportait sur le reste.

Il est vrai cependant que les écoles mutuelles se sont beaucoup plus multipliées que les autres dans le même intervalle ; elles se sont portées de 313 à 1073 : mais outre leur utilité réelle et ce que produit en leur faveur cet amour de la nouveauté dont je viens de parler, il y avait pour leur multiplication un motif bien palpable, c'est que les Frères, ne pouvant, d'après leurs statuts, être moins de trois ensemble, chacune de leurs écoles coûte 1800 fr. d'entretien annuel, sans parler de 1200 fr. au moins de premier établissement, et que bien peu de communes sont en état de faire une pareille dépense.

Un autre motif est celui qui vous a été exposé hier par M. le ministre des affaires étrangères ; c'est qu'ils n'ont pas assez de sujets pour en fournir à toutes les villes qui en demandent.

Il n'en est pas moins vrai que depuis l'ordonnance du 9 février 1816, et en partie à cause des 50,000 fr. qu'elle accorde, 257,000 enfans de plus ont reçu l'instruction morale et religieuse ; que cette instruction a pénétré dans nos provinces les plus reculées ; qu'elle a été portée jusqu'au fond de la Corse. J'atteste ici les députés de ce département ; qu'ils disent avec quel soin, depuis deux ans, nous avons cherché à y répandre toutes les bonnes doctrines ; avec quelle attention on a composé pour ce peuple des modèles d'écriture et de lecture appropriés à ses besoins moraux.

Messieurs, dans la dernière session du parlement d'Angleterre on a célébré solennellement cette partie des actes du gouvernement du roi ; ces marques de l'amour de S. M. pour son peuple y ont été données en exemple : et voilà cependant ce que l'on vous propose de détruire ; oui, Messieurs, de détruire. Ne croyez pas que l'on doive calculer seulement d'après cette misérable somme de 50,000 fr. le mal que votre délibération pourrait faire : partout vous jetteriez le découragement ; vous paralyseriez à l'instant le zèle de milliers de personnes charitables qui concourent à cette bonne œuvre, zèle sans lequel des sommes infiniment plus fortes n'auraient rien opéré ; et pourquoi feriez-vous tout ce mal ? Pourquoi priveriez-vous subitement tant de pauvres enfans de ces leçons qui peuvent un jour contribuer si puissamment à leur bien - être ? Parce qu'en quelques endroits ce zèle a été aveugle ; parce que des hommes imprudens ont voulu mettre de la violence dans le bien ; parce que cette violence a produit de la résistance, parce que la vanité , l'amour - propre , peut-être même des intentions perfides ont excité des haines ? Eh , Messieurs, des hommes tels que vous ne doivent-ils pas s'élever au - dessus de ces misérables considérations et voir le bien où il est , au travers de tous les nuages dont les passions cherchent à l'envelopper ?

Que le Ciel ne m'a-t-il donné cette éloquence du cœur que vous admiriez hier dans votre respectable collègue M. Lainé ! Comme je vous peindrais la différence entre le pauvre enfant qui n'a point reçu d'instruction et celui qui a eu le bonheur de l'obtenir. Vous parlez de religion ; mais comment conserver des idées religieuses lorsqu'on ne peut s'en pénétrer de nouveau par la lecture ? Vous dites que la misère fait plus de scélérats que l'ignorance ; mais l'ignorance n'est-elle pas elle-même une source de misère ? Et les mœurs domestiques , combien ne sont-elles pas favorisées par l'habitude de lire ! Le livre le plus indifférent n'est-il pas encore un amusement meilleur et plus moral que le cabaret ou la débauche ?

Je finirai, Messieurs, par cette observation : s'il y a eu de l'excès , s'il y a eu de l'imprudence dans l'ardeur avec laquelle l'on a propagé certaines méthodes , votre discussion seule suffira pour ramener les esprits à des voies plus sages , et vous ne pouvez pas douter qu'ils ne soient maintenus par le chef actuel de l'instruction publique.

M. de Lalot parle en faveur de la suppression , et répond au discours de M. Cuvier ; M. Pasquier lui succède à la tribune.

M. le ministre des affaires étrangères. La question qui vous occupe a été ramenée par M. le commissaire du roi et par l'orateur qui descend de cette tribune à une discussion de faits. Il n'y a rien de plus heureux, parce que par-là on peut arriver à des résultats incontestables. C'est effectivement en discutant ces faits, en les montrant sous leur véritable jour, que j'espère vous faire voir aussi qu'il n'y avait rien d'exagéré dans ce que j'ai dit hier.

On reproche au gouvernement d'avoir dépensé 10,000 fr. pour des écoles primaires, et 40,000 fr. pour encourager l'enseignement mutuel. Ce fait, pour être exact, ne prouverait rien du tout contre la marche du gouvernement ; car, s'il n'a été possible que d'établir cent écoles chrétiennes contre trois à quatre cents écoles d'enseignement mutuel, il est évident qu'on aura dû faire plus de dépense pour celles-ci. Avec un peu de patience, Messieurs, et si vous voulez écouter le développement de mes idées, vous verrez qu'elles ne sont pas si extraordinaires. La proportion d'argent était donc raisonnable ; il reste à savoir si on a eu tort de fonder 400 établissemens d'écoles d'enseignement mutuel, tandis qu'on n'a établi que 100 écoles chrétiennes. En ramenant la question à ce fait pur et simple, il ne s'agit plus que d'examiner ce qu'il a été possible de faire. Vous savez que tous les frères des écoles chrétiennes qui ont pu être mis à la disposition du gouvernement ont été employés. Une fois que cela a été fait, je ne sais pas ce qu'il est possible de faire de plus pour employer les frères des écoles chrétiennes.

Est-ce donc, Messieurs, une chose si extraordinaire que les frères des écoles chrétiennes n'aient pu fournir plus de sujets ? certainement non, et il est même étonnant qu'ils aient pu en fournir autant. Il est de toute impossibilité physique la plus démontrée que, d'ici à un très-grand nombre d'années, ils puissent fournir à la France les instituteurs nécessaires. Cette vérité n'est pas difficile à démontrer. Il manque en ce moment d'instituteurs primaires dans 25,000 communes. Les frères des écoles chrétiennes ne vont que trois par trois. Il en faudrait donc 75,000 pour établir des écoles chrétiennes dans ces 25,000 communes. Certes, 75,000 sujets qui se vouent à la chasteté, obligés de s'assujettir à une règle particulière, ne se trouvent pas si facilement dans nos mœurs. On ne peut donc pas compter de trouver dans un an un nombre si considérable, surtout quand on fait attention que ce nombre doit marcher de pair avec ceux qui se vouent au ministère des autels pour les cures, les succursales, les chapelles. Il ne serait pas étonnant si d'ici à cinquante ans on ne pouvait pas encore se procurer ces 75,000 frères des écoles chrétiennes.

Est-ce donc, Messieurs, une chose extraordinaire que cet état? non sans doute. La France avant la révolution était très-chrétienne, et cependant elle était couverte de ce qu'on appelait des maîtres d'écoles, qui n'étaient point des ecclésiastiques ni des hommes bien habiles, et qui malheureusement étaient quelquefois des hommes très-condamnables. Ainsi on a cherché par tous les moyens qui étaient à la disposition du gouvernement de remédier à cet ordre de choses. On s'est surtout attaché à rendre meilleurs les instituteurs. Mais on reproche à l'instruction primaire d'être dans la main d'un parti qui l'exploite à son avantage. Il y a ici une réponse bien simple à faire. Pourquoi l'autre parti ne s'en empare-t-il pas aussi? qui l'empêche de se servir d'un instrument qui est à la disposition de tout le monde? Cet instrument est à présent très-actif; il a l'avantage ou l'inconvénient pour quelques-uns de donner l'instruction en beaucoup moins de temps. Ici je suis obligé de revenir sur ce que j'ai dit hier : il est démontré malheureusement qu'il n'est pas possible, surtout dans les villes, de donner l'instruction aux enfans du peuple, lorsque cette instruction exige trop de temps.

La question se réduit ainsi : En auront-ils ou n'en auront-ils point du tout? Ceux d'entre vous, Messieurs, qui ont administré de grandes villes, doivent savoir que la cause de la fatale pente qu'ont prise les mœurs est l'indifférence des parens pour l'instruction de leurs enfans. Aussitôt qu'on peut employer son enfant dans un atelier pour y gagner sa vie,

on se garde bien de l'envoyer dans une école, surtout lorsqu'il devrait y passer quatre ou cinq ans. Sans doute je pré-
férerais que ces enfans pussent passer quatre ou cinq ans
dans les écoles ; mais ceci est idéal. Dans les grandes villes,
les parens cherchent avant tout de faire un lucre de leurs
enfans. Ainsi vous manqueriez votre but en voulant appli-
quer à ce genre d'instruction des formes trop longues. L'enseignement mutuel a l'avantage d'être court, et d'apprendre
les choses indispensables, la religion, le catéchisme. Sans
doute il vaudrait mieux de leur enseigner le catéchisme
pendant six ans, si cela était possible ; mais ne vaut-il pas
mieux le leur enseigner pendant un an que de ne pas le
leur enseigner du tout ?

Sans doute une administration publique, un ministère
serait coupable s'il ne vous faisait pas entendre ces vérités.
La plus grande des responsabilités, la responsabilité morale,
pèserait sur les hommes qui, par leur faute, laisseraient
dans 25,000 communes les enfans sans instruction, sans foi,
sans loi, sans principes. Quel est l'homme de bonne foi qui
ne frémirait pas à l'aspect d'un tel ordre de chose ? Si
notre entreprise est téméraire, au moins est-elle justifiée
par l'intention.

L'amendement de la commission qui demande la suppression du crédit de 50,000 francs pour l'encouragement des écoles primaires, est mis aux voix : l'extrême droite se lève ; le reste de la droite, tout le centre de droite, tout le centre de gauche, toute la gauche se lèvent à la contre-épreuve. — L'amendement est rejeté.

Un autre amendement de M. de Marcellus tendant à ce que les 50,000 fr. soient consacrés entièrement à l'encouragement des écoles des frères de la doctrine chrétienne, et une proposition analogue de M. Duhamel, sont également rejetés à la presque unanimité.

Le chapitre de l'instruction publique est adopté sans amendement.

La discussion ayant été fermée avant que plusieurs des honorables membres, inscrits pour parler contre l'amendement de la commission, aient pu avoir la parole ; plusieurs d'entre eux ont publié leur opinion. Nous avons eu connaissance de celles de M. Stanislas de Girardin et de M. le comte de Thiard, dont nous nous faisons un devoir d'ajouter ici un extrait.

M. de Girardin s'exprime dans les termes suivans :

En quoi un système d'enseignement, qui a l'avantage incontestable de pouvoir faire acquérir à l'enfance des connaissances élémentaires beaucoup plus promptement que par l'ancien mode, est-il contraire à nos institutions ? Quelles sont parmi nos institutions celles qui se trouvent blessées de ce qu'un enfant de sept ou huit ans saura lire, écrire et compter parfaitement, tandis qu'autrefois il ne le savait que très-imparfaitement à treize ou quatorze ?

En remplira-t-il moins bien les devoirs de citoyen ? N'en aimera-t-il pas davantage la charte, avec laquelle il aura été à portée de faire connaissance dès sa plus tendre jeunesse ? En respectera-t-il moins l'auguste auteur de cette charte, parce qu'il aura été à portée d'apprendre plus tôt combien la France lui doit de reconnaissance pour ce bienfait ?

Sera-t-il moins bon ouvrier, moins bon fils, moins bon père, parce qu'il sera plus éclairé qu'on ne l'était communément jadis ? Sera-t-il moins religieux, parce qu'il aura été à portée de connaître plus tôt les devoirs de sa religion ?

. . . . Croyez-vous, Messieurs, que dans les temps d'ignorance les peuples fussent plus tranquilles qu'ils ne le sont aujourd'hui? Ouvrez l'histoire, vous aurez la preuve du contraire . . . . . .

Vous y verrez que dans tous les temps des gens intéressés à maintenir les peuples dans l'ignorance ont fait des efforts pour les y conserver; et je vous dirai, à votre grand étonnement peut-être, que le P. de Lasalle, qui fut le fondateur des frères des écoles chrétiennes en France, vers le commencement du siècle dernier, a été persécuté comme le sont aujourd'hui les partisans de l'enseignement mutuel, par les descendans de ces hommes qui le tinrent long-temps, ainsi que ses frères, dans un état de proscription.

Le P. de Lasalle n'avait pourtant commis d'autre crime que celui d'avoir inventé une méthode d'enseignement qui était alors à celle pratiquée par les maîtres d'école, comme l'est aujourd'hui à la sienne le mode d'enseignement mutuel.

Ces frères de la doctrine chrétienne, que vous voulez maintenant introduire partout, en haine de l'enseignement mutuel, ont été, lorsqu'ils ont cherché à s'établir en France, considérés comme *des méchans, et leurs services n'étaient payés que par des outrages*. Ils étaient accusés de vouloir introduire une méthode en vertu de laquelle on apprenait trop promptement à lire et à écrire; on leur faisait également un crime de répandre trop généralement l'instruction primaire, en la rendant entièrement gratuite.

Dans l'origine il furent dénoncés par les maîtres d'école, et cela était tout simple : ils leur enlevaient des écoliers; mais ce qui l'était moins, c'est qu'ils devinrent les objets de la persécution des curés et autres supérieurs ecclésiastiques. Ils disaient alors ce qu'ils disent encore aujourd'hui : qu'il était dangereux pour les mœurs, pour la morale publique et pour la religion, qu'un enfant apprît trop tôt à lire et à écrire.

Le vertueux P. de Lasalle, qui a si bien mérité de l'humanité, est mort victime des persécutions dont il a été l'objet. Ce ne fut que quelques années après sa mort que les frères obtinrent des lettres patentes : ils ne dûrent leur tranquillité qu'à une bulle de Benoît XIII, publiée en 1725.

Cette bulle, Messieurs, est curieuse à lire : elle répond

victorieusement à ceux qui affectent de croire que la religion encourage l'ignorance. On y voit au contraire que la religion la repousse comme n'étant utile qu'à sa plus cruelle ennemie, la superstition.

Benoît XIII a reconnu, par la bulle que je viens de citer, une vérité méconnue aujourd'hui par votre commission du budget et par M. Cornet-d'Iucourt, « que l'ignorance était
» l'origine de tous les maux, la cause de scandaleux dés-
» ordres, surtout parmi ceux qui, accablés de misère, ou
» pratiquant pour vivre des arts mécaniques, n'ont aucune
» connaissance des lettres ; et ce qu'il y avait de plus fâ-
» cheux encore, c'est qu'ils ignoraient par cette raison les
» élémens de la religion. . . . . »

. . . . . . On a entendu à cette tribune un orateur vous dire qu'il sait « que si l'institution nouvelle est jugée sévè-
» rement par la plupart des hommes religieux et monarchi-
» ques, elle compte aussi parmi eux quelques honorables
» défenseurs ; et que, bien qu'ils soient en petit nombre,
» il serait tout disposé à se jeter dans leurs *rangs déserts*,
» lorsqu'on lui aura fait connaître un ennemi de la religion
» et de la royauté qui ne soit pas l'ami du nouveau mode
» d'enseignement. »

. . . . . . On ne sait ce qui a pu porter cet orateur à parler des *rangs déserts* des défenseurs de l'enseignement mutuel. Il n'a donc lu aucun des nombreux ouvrages publiés pour démontrer l'excellence et la supériorité de cette nouvelle méthode sur toutes celles pratiquées jusqu'à présent ? Il ne s'est donc pas donné la peine de prendre connaissance des très-bons rapports faits à la société établie à Paris pour encourager l'instruction élémentaire, par MM. de La Borde, de Gérando, Jomard, et les discours prononcés dans le sein de cette société par le respectable duc de La Vauguyon et le duc de Doudeauville, dont il ne suspecte pas sans doute les sentimens monarchiques et religieux ?

« Nous répondons, a dit M. le duc de Doudeauville, à
» nos accusateurs par nos succès. — Effectivement plus de
» 1500 écoles d'enseignement mutuel sont maintenant éta-
» blies en France.

» Ces écoles sont beaucoup plus religieuses que toutes
» les écoles primaires qui existaient auparavant.

» Nous appelons sans cesse sur ces écoles la surveillance
» et l'inspection des curés.

» Les écoles des frères de la doctrine chrétienne ont
» prospéré depuis l'établissement des nôtres, et nous nous
» en réjouissons. »

Si M. Cornet-d'Incourt eût pris la peine de lire les ouvrages que je viens de citer, il y aurait vu que les rangs des
défenseurs de l'enseignement mutuel ne sont pas aussi déserts qu'il se plaît à le supposer. . . . . Il y aurait appris
que les hommes éclairés de toutes les parties du monde sont
de zélés défenseurs de l'enseignement mutuel ; et qu'ils ne
sont pas considérés comme des ennemis de la religion et de
la royauté, à cause des efforts qu'ils font pour la propagation du bienfait de l'instruction primaire. Il aurait su que
ces efforts n'avaient pas été infructueux ; et en parcourant
le compte rendu à la société élémentaire établie dans la
capitale, le 21 mars dernier, il aurait acquis la preuve
« que le présent de l'enseignement mutuel était considéré
» comme un don de la Providence ; qu'il avait été reçu
» avec reconnaissance dans toute l'Europe, avec empres-
» sement en Asie et en Amérique. »

Il compte dans les *rangs déserts* de ses défenseurs le roi
d'Angleterre, ceux des Pays-Bas, de Suède, de Danemarck,
de Naples, d'Espagne, de Portugal, l'empereur de Russie,
notre saint père le pape, et enfin Louis XVIII, qui a fait
construire exprès des bâtimens dans les départemens de la
Vendée et des Côtes-du-Nord pour y établir des écoles
d'enseignement mutuel ; qui a puisé dans sa cassette des
sommes considérables pour encourager ce sytème, et a fait
ouvrir dans son palais de Versailles des salles pour y recevoir les enfans instruits d'après cette méthode.

L'orateur dont je me suis occupé trop long-temps peut-
être, a beaucoup d'esprit sans doute, mais il en aurait
davantage encore, qu'il ne parviendrait pas à nous prouver
qu'un mode d'enseignement qui serait destructif des principes de la religion et de la royauté, serait protégé et encouragé par presque toutes les têtes couronnées de l'Europe.
Qu'il se rassure donc à cet égard, ainsi que ses honorables
amis. . . . . . Je vais essayer de les réconcilier avec le sys-

tème d'enseignement mutuel, en leur garantissant qu'il est né bien avant la révolution.

Il était pratiqué en 1606 dans une des provinces de France ; et il a été introduit à Saint-Cyr par madame de Maintenon.

Des congrégations religieuses vouées à l'éducation des filles, en avaient adopté les parties principales.

Rollin, le père des études, en a reconnu les avantages, et il a prédit dès lors qu'il servirait de base par la suite à l'enseignement populaire.

Herbaut, en 1741, l'introduisit dans l'hospice de la Pitié, et le chevalier Paulet lui donna les plus grands développemens.

Vous savez combien d'encouragemens furent prodigués au chevalier Paulet par Louis XVI.

D'autres suffrages également illustres déposent en faveur de ce mode d'enseignement.

Ferdinand VII avait ordonné qu'il fût pratiqué dans tout son royaume, à l'époque où l'Espagne gémissait encore sous le joug de l'inquisition. Ce ne fut qu'après avoir examiné cette méthode dans toutes ses parties, qu'elle déclara qu'elle n'y trouvait rien de blâmable ; et il existe maintenant dans toute l'Europe et dans toutes les parties du monde des écoles d'enseignement mutuel.

C'est lorsque ce mode d'enseignement a été introduit et encouragé partout, que vous voudriez le proscrire ici ! . . . .

Non, Messieurs, vous ne réaliserez pas par vos votes le vœu de votre commission des finances . . . . .

Le discours de M. le comte de Thiard, présente des considérations politiques, qui ne sont point de notre ressort ; nous nous bornerons à en extraire les fragmens suivans :

C'est une ordonnance du 29 février 1816 qui, pour la première fois, affecta 50,000 francs aux encouragemens pour l'instruction primaire, et à chaque session vos prédécesseurs se sont fait un devoir religieux de seconder cette sage disposition. Et dans quels termes le préambule de cette ordonnance est-il conçu ? le voici, Messieurs : *Persuadé*, dit sa majesté, *qu'un des plus grands avantages que nous puissions procurer à nos sujets est une instruction convenable à leur condition , et que cette instruction , surtout lorsqu'elle est fondée sur les véritables principes de la religion et de la morale , est non-seulement une des sources les plus fécondes de la prospérité publique , mais qu'elle contribue au bon ordre de la société , prépare l'obéissance aux lois et l'accomplissement de tous les genres de devoirs ; avons ordonné et ordonnons , etc.*

Cette volonté ne s'est jamais démentie, et les nouvelles méthodes d'enseignement primaire ont été constamment l'objet des sollicitudes du gouvernement ; et c'est après cinq ans d'expérience, quand les résultats ont prouvé l'excellence de cette méthode, que votre commission, oubliant que les lumières sont la sauvegarde des institutions libres, comme l'ignorance est la garantie du despotisme, vient vous dire que ce système n'est pas en harmonie avec nos institutions!

Mais qu'a donc ce système de si dangereux ? quel est donc son crime aux yeux de certains individus ? le voici : C'est de parvenir sans peine, et à peu de frais, à introduire dans toutes les classes de la société *cette instruction* dont parle l'ordonnance, *convenable à leur condition*, qui *contribue au bon ordre de la société*, *prépare l'obéissance aux lois*, et qui consiste à savoir lire, écrire et calculer ; c'est-à-dire, former des hommes qui puissent mettre l'ordre dans leurs affaires, combiner quelques idées utiles, s'élever à la connaissance de leurs droits et à celle de leurs devoirs. Est-il donc vrai qu'une pareille instruction soit peu en harmonie avec nos institutions ?.......

Lorsque l'ignorance des peuples est à son comble, c'est alors qu'ils sont faciles à émouvoir, qu'ils peuvent se livrer à d'effrayans excès, sans crainte et sans remords.... mais plus les hommes sont éclairés, mieux il comprennent leurs intérêts, et plus ils sont soumis aux lois. Ils ne peuvent plus, il est vrai, supporter la tyrannie ; mais ils cèdent sans effort à la justice. L'ordre et la tranquillité sont un besoin pour eux ; et c'est parce qu'ils sont également un besoin pour nous, que nous désirons fournir au gouvernement les moyens d'encourager l'instruction, répandre les lumières convenables aux citoyens d'un état bien organisé, et qui place et les gouvernemens et les peuples à l'abri de ces déchiremens imprévus, de cette farouche anarchie qui corrompt la liberté elle-même, et qui se perd dans le despotisme.

.....Ai-je besoin de répondre à ce reproche banal, que *l'instruction* tend à *créer des ambitions qu'on ne peut satisfaire*, à jeter dans la *société une foule de demi-savans qui exigent des places et des traitemens ?* Je ne veux point, dans ce moment, approfondir cette question ; mais dans tous les cas, ce reproche ne pourrait atteindre l'enseignement mutuel : l'instruction primaire, utile, indispensable dans un pays libre, ne crée point d'ambitions, ne fait point de demi-savans, elle forme des hommes et des citoyens ; elle bannit de la société cette odieuse barbarie, compagne assidue de l'ignorance et mère de tous les crimes.

Mais je ne crains pas de le dire, les écrivains qui font le procès à leur siècle, à leur pays, mentent à leur propre conscience, et sont démentis par les faits ; ils savent très-bien que la morale est généralement plus respectée aujourd'hui qu'elle ne l'a jamais été, et qu'à mesure que l'instruction atteindra toutes les classes, elle aura plus d'autorité.

Il en sera de même de la religion. L'enseignement mutuel (disent ses détracteurs) lui est nuisible : c'est encore une erreur jetée à la crédulité pour répandre de vaines alarmes. On vous l'a dit, et il importe de le répéter : l'enseignement mutuel n'est qu'une méthode expéditive, un moyen aisé d'apprendre ; il s'aplique à tout, à la religion comme à la lecture, comme au calcul : ce n'est donc point la méthode, ce serait l'application qu'on pourrait blâmer ; mais ce blâme serait aussi une injustice, car aucune plainte à cet égard ne s'est élevée.

Les écoles d'enseignement mutuel sont, comme les autres, sous la surveillance des autorités civiles et ecclésiastiques ; la religion n'y est point oubliée : elle y tient le rang qu'elle doit tenir. Ce fait est de notoriété publique, et toutes les assertions contraires sont dépourvues de fondement.

Ainsi s'évanouissent les objections élevées contre la nouvelle méthode d'instruction primaire...... Je demande la question préalable sur l'amendement de votre commission.

(Extrait du Journal d'Éducation.)

Paris, *ce 5 juin 1818.*

Monsieur,

La Société s'est occupée, depuis sa fondation, de former des Modèles de calligraphie pour remplacer les exemples en écriture étrangère, qu'on avait employés dans les premiers temps. Dans ce travail, qui vient d'être terminé, l'on a cherché des formes simples et constantes qui, débarrassées de tout ornement superflu, ne seraient pas cependant dépourvues d'élégance. D'après le désir qui a été généralement manifesté, nous croyons devoir vous informer, Monsieur, que la Société a fait graver ces modèles à ses frais et sous sa direction, et qu'ils ont été présentés à la dernière Assemblée générale de la Société. On les trouve chez le libraire de la Société à un prix modéré.

Nous insérons ci-après le rapport qui a été fait à ce sujet.

Nous avons l'honneur d'être,

Monsieur,

Vos très-humbles et très-obéissans serviteurs,

Le duc DE LA ROCHEFOUCAULT, *président.*
Le comte de LASTEYRIE, ⎫
M. l'abbé GAULTIER, ⎭ *vice-présidens.*
Le baron DEGÉRANDO, *secrétaire général.*
JOMARD, DE MONTEGRE, FRANCŒUR, J. MALLET,
F. CUVIER, *secrétaires.*

RÉSENTATION DES MODÈLES D'ÉCRITURE

A L'ASSEMBLÉE GÉNÉRALE du 28 février 1818,

r M. Jomard, *l'un des secrétaires*, *rapporteur de la Commission de calligraphie.*

Tout ce qui est du ressort de l'imitation et de la mémoire
partient au domaine de l'enseignement mutuel. Mais rien,
ut-être, autant que les formes de l'écriture, n'est aussi émim-
mment susceptible d'être appris par ce mode, qui rend les
ux plus attentifs, la mémoire plus sûre, la main plus docile.
mme l'expérience a prouvé que les élèves des écoles nou-
lles imitaient, avec perfection et en très-peu de temps, un
actère quelconque, le Conseil d'administration a cru qu'il fallait
ofiter d'une circonstance aussi heureuse pour introduire en France
e écriture simple, régulière, qui participât aux avantages
tous les systèmes connus. Ce travail, qui n'est pas sans
portance, puisqu'il doit contribuer à rendre plus rares les
sifications d'écriture; a occupé le Conseil dès l'origine de
Société. Il n'est publié qu'aujourd'hui, parce qu'on a voulu
ntourer de toutes les lumières, combattre et surmonter toutes
 difficultés. Nous avons été assez heureux pour trouver
rmi d'anciens modèles français du temps de Louis XIV,
s formes de caractères aussi pures et non moins élégantes que
 plus belles écritures étrangères, et nous n'avons pas balancé
es introduire dans la nouvelle *calligraphie*, afin que la France
ssède un jour, comme les nations voisines, une écriture qui
 soit propre, et qu'on puisse appeler nationale. On a en même
mps profité de quelques formes étrangères, qu'on ne pouvait
mplacer avec avantage. Dans cette méthode, nous avons cher-

:hé à faire en sorte que les règles de la pente, des hauteurs, des
iaisons et des intervalles fussent simples comme les formes elles-
mêmes; que deux lettres ne pussent se confondre ni se transfor-
mer l'une en l'autre; enfin que toutes fussent liées de manière
à obtenir autant de *rapidité dans l'écriture* que de *clarté dans la
lecture.* L'expérience apprendra si le Conseil a réussi, et, dans
ce cas, nous ferons, par la suite, graver et fondre des caractères
qui permettront d'imprimer, en typographie, la nouvelle écriture
cursive, et de multiplier, à peu de frais, toute sorte de texte et
de modèles calligraphiques. Le système, tel qu'il est suivi dans
les écoles britanniques, ne comporte point d'exemples de ce
genre, distribués classe par classe: mais nous avons pensé que
ces modèles seraient, chez nous, un auxiliaire utile et puissant
pour la méthode d'enseignement mutuel.

Ils se vendent chez L. Colas, imprimeur-libraire de la Société.

Les modèles ont été écrits par M. Verdet, Professeur d'écriture,
rue de Seine, n°. 42.

Prix, en cahier, 1 fr. 50 c.; — collés sur carton avec étui, 2 f. 25 c.

(*Voir le n°. 4, 3e. année du Journal d'Éducation.*)

N. B. Dans la même séance l'Assemblée générale, après avoir entendu le rapport
fait par M. le duc de Doudeauville, sur le concours ouvert pour le meilleur ouvrage
de morale à l'usage du peuple, le prix a été décerné à l'ouvrage intitulé : *Simon de
Nantua* , ou *le Marchand Forain* ; 1 vol. in-12. Prix, 2 fr. 25 c.; et, franc de
port, 3 fr.

Un second ouvrage, intitulé : *Élémens de Morale*, a obtenu une médaille d'or.
1 vol. in-12. Même prix.

Ces deux ouvrages se vendent chez L. Colas, imprimeur-libraire de la Société.

www.ingramcontent.com/pod-product-compliance
Lightning Source LLC
LaVergne TN
LVHW010334030726
842520LV00004B/1465